W0340511

Inhaltsverzeichnis

Zusatzmaterial:
Alle Arbeitsblätter als veränderbare Word-Dateien

Lesetagebuch
von

Name: ______________________________

Autor/Autorin: ______________________________

Titel/Text: ______________________________

____

Klasse: ______________________________

Schule: ______________________________

Mein Lesetagebuch

Liebe Schülerin, lieber Schüler,

Dies ist dein **persönliches Lesetagebuch.** Du kannst damit deinen Text selbstständig erschließen und verstehen.

Ist es ein kurzer oder ein langer Text, ein Bilderbuch, ein Gedicht oder ein ganz anderer? Hast du den Text selbst ausgewählt oder war es dein Lehrer/deine Lehrerin? In jedem Fall wirst du ihn nun lesen und erschließen – begleitet von vielen verschiedenen Aufgaben aus dem Lesetagebuch.

Was passiert dabei?

- In deinem Kopf entsteht ein kleiner Film zu den Figuren und zur Handlung deines Textes.
- Dir fallen ganz viele andere Gedanken ein.
- Du hast eigene Ideen, z. B. einzelne Textstellen als Szene zu gestalten, sie bildnerisch darzustellen, ...
- ...

Ist dein Tagebuch fertig, stell es anderen vor und sprich mit ihnen darüber, wie du deinen Text verstanden hast.

Viel Freude beim Lesen und Verstehen!

Mein Lesetagebuch

Was kannst du mit deinem Lesetagebuch tun?

Mit dem Lesetagebuch wirst du durch drei Phasen des Lesens und Verstehens deines Textes geführt.

Vor dem Lesen | Während des Lesens | Nach dem Lesen

Welche Aufgaben erwarten dich?

Du kannst z. B. …

- dein Vorwissen nutzen,
- Fragen stellen,
- deine Erwartungen aufschreiben,
- deine Fantasien und Ideen zur Handlung und zu den Figuren entwickeln und aufschreiben,
- deine Vermutungen zur Handlung/zu den Figuren äußern,
- über deinen Text nachdenken,
- dich in deinen Text hineinversetzen,
- dir eine eigene Meinung bilden,
- deinen persönlichen Bezug zum Text entwickeln,
- deinen Text verändern, indem du etwas Neues dazu schreibst,
- andere für deinen Text begeistern,
- Informationen zu und über deinen Text sammeln,
- …

Beachte auch die ***Tipps*** am Seitenende.

Mein Lesetagebuch

Wie kannst du mit dem Lesetagebuch arbeiten?

Die Aufgaben im Lesetagebuch müssen nicht alle bearbeitet werden. Das geht – je nach Textsorte – manchmal auch gar nicht. Sie können als **Pflicht- oder Wahlaufgaben** gekennzeichnet werden. Die Entscheidung hierüber triffst entweder du allein oder gemeinsam mit deiner Lehrerin/deinem Lehrer.

Damit du für beide Fälle einen Überblick hast, kannst du die erledigten Aufgaben abhaken.

Außerdem kannst du …

- allein arbeiten,
- zu zweit arbeiten,
- deine Ergebnisse anderen vorstellen,
- dir selbst weitere Aufgaben ausdenken,
- etwas hinzufügen, z. B.:
  - weitere selbst erstellte Seiten,
  - Fotos,
  - Zeichnungen,
  - Ergebnisse von Internetrecherchen,
  - …

Dieses Symbol ist immer eine Aufforderung zum Schreiben.

Was ist noch zu bedenken?

Es gibt Unterschiede zwischen dem Lesen von kurzen und langen Texten.

	kurze Texte ⇨ mehrfach lesen	**lange Texte** ⇨ einmal lesen
1.	Den ganzen Text überfliegen, um einen ersten Überblick über den Inhalt zu bekommen: Worum geht es in diesem Text?	Den Text abschnittweise lesen und zusammenfassen: Worum geht es in diesem Abschnitt?
2.	Den ganzen Text genau lesen, um den Inhalt im Einzelnen zu erfassen: Notieren und Markieren, ggf. in Abschnitte unterteilen. Was ist wichtig? Was habe ich noch nicht verstanden?	Übersicht: • Handlung: Was passiert? • Ort: Wo spielt die Handlung? • Figuren: Wer ist beteiligt? • Funktion: Wozu dient dieser Abschnitt?
3.	Den Text abschnittweise gezielt lesen, um Antworten auf bestimmte Fragen zu bekommen: Welche Funktion hat der Text? Habe ich den Text verstanden?	Den Text abschnittweise gezielt noch einmal lesen, um Antworten auf bestimmte Fragen zu bekommen: Welche Funktion haben Figuren, Symbole, Informationen?
4.	Den Text noch einmal insgesamt lesen, ggf. laut oder leise. Den Text als Vortrag sinngebend lesen.	Habe ich den Text verstanden? Welche Aussage steht im Zentrum?

Mein Lesetagebuch

	Vor dem Lesen	Wahl-aufgaben	Wahl-aufgaben	erledigt ☑
1.	Der Text	☐	☐	☐
2.	Meine ersten Gedanken	☐	☐	☐
3.	Meine Fragen	☐	☐	☐
4.	Das Thema	☐	☐	☐
5.	Der Autor/die Autorin	☐	☐	☐
	Während des Lesens			
6.	Lesen	☐	☐	☐
7.1	Gedanken nach dem ersten Lesen: zum Text	☐	☐	☐
7.2	Gedanken nach dem ersten Lesen: Gefühle	☐	☐	☐
8.	Der Überblick	☐	☐	☐
8.1	Die Handlung	☐	☐	☐
8.2	Die Figuren	☐	☐	☐
8.3	Die Hauptfigur – Eigenschaften	☐	☐	☐
8.4	Die Hauptfigur – Ein Brief	☐	☐	☐
8.5	Die Hauptfigur – Ein Gegenspieler	☐	☐	☐
8.6	Die Handlung: Ort und Zeit	☐	☐	☐
9.	Verstehen	☐	☐	☐
10.	Zusammenfassen	☐	☐	☐
10.1	Wovon handelt der Text?	☐	☐	☐
10.2	Mein Lieblingskapitel	☐	☐	☐
11.	Vorstellungen im Kopf	☐	☐	☐
12.	Beziehungen	☐	☐	☐
13.	Rollentausch	☐	☐	☐
14.	Dialog und Szene	☐	☐	☐
15.	Bewertung	☐	☐	☐
16.	Textstellen, die mich berührt haben	☐	☐	☐
17.	Ein bemerkenswerter Satz	☐	☐	☐
	Nach dem Lesen			
18.	Verändern	☐	☐	☐
19.	Hineinversetzen	☐	☐	☐
20.	Fortsetzen	☐	☐	☐
21.	Werben	☐	☐	☐
22.	Vorlesen	☐	☐	☐
23.	Recherchieren rund um den Text	☐	☐	☐
23.1	Recherche: Textursprung	☐	☐	☐
23.2	Recherche: Autor/Autorin	☐	☐	☐
24.	Konsequenzen: Verändert Lesen?	☐	☐	☐
25.	Leseergebnis	☐	☐	☐
26.	Eigene Aufgaben	☐	☐	☐
27.	Zum Schluss	☐	☐	☐

Mein Lesetagebuch

Vor dem Lesen

Die Aufgaben 1-5 helfen dir, ...

- Informationen über den Text festzuhalten,
- deine spontanen Gedanken dazu festzuhalten,
- deine Fragen an den Text zu stellen,
- dein Vorwissen zum Thema zu aktivieren,
- dein Vorwissen zum Autor zu aktivieren.

Während des Lesens

Die Aufgaben 6-17 helfen dir, ...

- einen ersten Überblick zu bekommen,
- einen Überblick über die Reihenfolge der Handlung zu bekommen,
- die Figuren der Handlung zu ermitteln und in Beziehung zueinander zu setzten,
- dich mit der Hauptfigur auseinanderzusetzen,
- den Ort und die Zeit der Handlung zu betrachten,
- den Text genauer zu verstehen,
- eine Vorstellung vom Text zu entwickeln,
- den Text zu bewerten,
- etwas für dich aus dem Text mitzunehmen.

Nach dem Lesen

Die Aufgaben 18-27 helfen dir ...

- dich als Autor/Autorin zu erproben,
- für den Text zu werben,
- beim Vorlesen,
- bei der Recherche,
- beim Nachdenken über Konsequenzen aus dem Text,
- beim Nachdenken über das Leseergebnis,
- beim Entwickeln eigener Aufgaben.

Welchen Text bearbeitest du mit dem Lesetagebuch?

Titel: ______________________________

____

Autor/Autorin: ______________________________

Verlag: ______________________________

Erscheinungsort: ______________________________

Erscheinungsjahr: ______________________________

Weitere Informationen zum Text, die wichtig sind, um ihn wiederzufinden:

____

____

____

____

**Gedanken zum Titel und zum Titelbild: Wovon könnte der Text handeln?
Fülle die Gedankenblasen.**

Betrachte …

- die Überschrift,
- den Klappentext,
- die Titelseite,
- die Bilder,
- die Aufteilung/die Zwischenüberschriften,
- die Schrift,
- …

Welche Fragen hast du an den Text?
Schreibe mindestens **drei** Fragen auf.

Worum geht es in diesem Text? Notiere einige Stichpunkte.

Spielt das Thema in deinem eigenen Leben eine Rolle?
Hast du in den Medien davon gehört oder gelesen?

z. B.
- im Fernsehen
- im Internet
- in der Zeitung
- in einem Film
- in einer Zeitschrift

Hat dir jemand davon erzählt?

Was weißt du über das Thema? Du kannst auch einen Cluster erstellen.

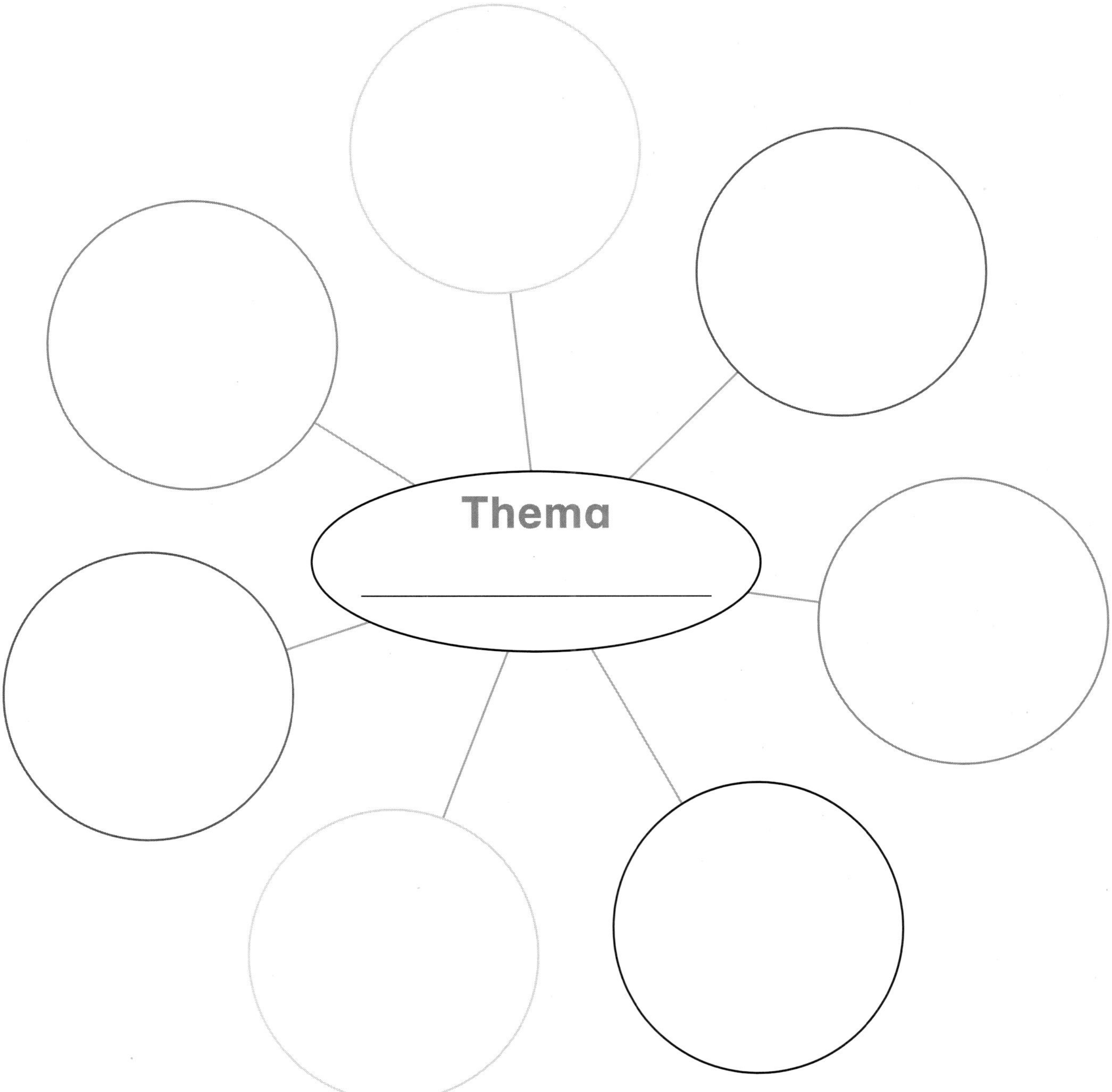

Kennst du den Autor/die Autorin?

a) **Wie heißt er/sie?**

---

b) **Was weißt du über ihn/sie? Notiere.**

---

c) **Was hast du schon von ihm/ihr gelesen? Notiere.**

Hier kannst du Fotos einkleben.

Lies den Text.

Bei Kopien oder eigenen Büchern kannst du …

ⓐ … beim ersten Lesen Zeichen am Rand notieren, z. B.:

!	interessant
✓	bekannt
?	unbekannt
😐	diskussionswürdig

ⓑ … Wichtiges hervorheben durch:

- Markieren
- Unterstreichen
- Textklammern
- Randnotizen
- Symbole
- Abschnitte

Erstelle dir einen Zeitplan, wann du das Buch oder den Text lesen möchtest.

Kapitel-Nr. oder Seiten von ___ bis ___	wann lesen?/Datum	gelesen/erledigt

Klebezettel mit kleinen Notizen und Hinweisen helfen dir, schnell wieder den Überblick zu bekommen und wichtige Textstellen wiederfinden zu können.

Was fällt dir nach dem ersten Lesen zum Text ein?
In Klammern stehen die Aufgabennummern, siehe auch Aufgabenübersicht.

Denke dabei an:

- deine ersten Gedanken vorweg (2),
- deine Fragen zum Text (3),
- dein Vorwissen zum Thema (4),
- dein Vorwissen zum Autor/zur Autorin (5),
- deine Notierungen und Notizen beim Lesen (6).

Schreibe stichwortartig deine Gedanken auf.
Worum geht es in diesem Text?

Was fällt dir nach dem Lesen des ersten Kapitels ein?
Welche Gedanken und Gefühle hattest du dabei?

Die Handlung

ⓐ **Wo spielt die Handlung?**
ⓑ **Was geschieht?**
ⓒ **Wer ist beteiligt?**

Thema	
1.	
2.	
3.	
4.	
5.	
6.	
7.	
8.	
9.	

Die Figuren

ⓐ **Welche Figuren sind an der Handlung beteiligt?**
ⓑ **Welche Eigenschaften haben sie?**

Figuren	Eigenschaften

ⓒ **Wie stehen die Figuren zueinander? Zeichne.**

Die Hauptfigur – Eigenschaften

ⓐ **Wie sieht sie aus?**

ⓑ **Wie ist sie?**

Suche passende Textstellen.

Notiere Seiten und/oder Zeilen deiner Textstellen. ______________________

Passt deine Beschreibung zu den Textstellen? Überprüfe noch einmal.

Meine Beschreibung:

Die Hauptfigur – Ein Brief

Schreibe einen Brief an die Hauptfigur.

Die Hauptfigur – Ein Gegenspieler

a Was trifft zu? Kreuze an.

Im Text gibt es neben der Hauptfigur eine andere Figur, die …

- ☐ Schwierigkeiten macht.
- ☐ im Wege steht.
- ☐ ganz anders ist.
- ☐ anders aussieht.
- ☐ anders handelt.
- ☐ für Spannung sorgt.
- ☐ immer wieder den Weg der Hauptfigur kreuzt.
- ☐ immer wieder den Weg der Hauptfigur behindert.
- ☐ immer wieder mit der Hauptfigur kämpft.

b Beschreibe kurz den Gegenspieler.
Wer ist das?
Welche Handlungen machen diese Figur zum Gegenspieler?

Ort und Zeit

Der Überblick hilft dir dabei (8.1).

a Wo spielt die Handlung?

b Zu welcher Zeit spielt die Handlung?

c Was weißt du über diese Zeit?

ⓐ **Was habe ich** von der Geschichte/dem Text **verstanden?**
Schreibe einige Stichpunkte auf, z. B. zu folgenden Fragen:
Worum geht es vor allem? Wer spielt für die Handlung eine wichtige Rolle? Was ist das Hauptproblem? Habe ich eine Vorstellung vom Handlungsverlauf?

ⓑ **Welche Begriffe sind noch unklar?**

Begriffe	Erklärung

Frage nach.
Schlage nach.
Recherchiere.
Erschließe aus dem Zusammenhang.
Schreibe ähnliche Begriffe auf.

Wovon handelt der Text?

Eigene Sätze

Aussage?
Beziehung?
Problem?

Mein Lieblingskapitel

a Fasse es kurz zusammen.

Das hilft dir:
Worum geht es in diesem Kapitel?
Wo spielt es?
Wer spielt mit?

b Überarbeite deine Zusammenfassung.

- Hast du mit einem zusammenfassenden Satz begonnen?
- Enthält dein Text das Wesentliche aus dem Kapitel?
- Ist die Handlung nachvollziehbar?
- Können sich Leser/-innen die Figuren vorstellen?
- Hat dein Text einen „Roten Faden“?
- Stimmen die Wörter und Sätze?

a **Welche Figur kannst du dir besonders gut vorstellen?**

b **Beschreibe sie kurz.**

Diese Fragen/Hinweise helfen dir:

- Wie wird die Figur im Text beschrieben?
- Welche Eigenschaften hat sie?
- Suche passende Textstellen.
- Lies nach oder markiere sie.
- Warum hast du gerade diese Figur ausgewählt?

c **Welche Figur kannst du gar nicht leiden? Warum?**

a Wähle eine Figur aus dem Text aus.

---

b Schreibe Stichworte in die Grafik.

- Welche Eigenschaften hat die Figur?
- Welche Eigenschaften hast du?
- Welche Eigenschaften habt ihr gemeinsam?

Figur – Ich – Gemeinsamkeiten

Textbelege für Gemeinsamkeiten: Seite(n) ______________ /Zeile(n) ______________

a **Versetze dich in eine Figur aus deinem Text und schreibe auf, was du erlebst.**

b **Überarbeite deinen Text.**

- Hast du dich gut genug in die Figur aus dem Text hineinversetzt?
- Hast du das Erlebnis aus der Ich-Perspektive erzählt?
- Hat dein Text einen Zusammenhang?
- Ist dein Text spannend?
- Passt deine Sprache zum Inhalt deines Textes?
- Stimmen deine Wörter und Sätze?
- Hast du an die Textteile gedacht? (Einleitung – Hauptteil – Schluss)
- Hast du die Zeiten beachtet?

Die Figuren aus deinem Text sprechen miteinander.

- (a) **Suche eine passende Textstelle heraus. Seite ________**
- (b) **Schreibe sie als Dialog der Figuren um.**
- (c) **Bereite die Szene zum Spielen vor.**

Der Dialog

Wer spricht? Name der Figur:	Was sagt die Person? Was antwortet sie?	Regieanweisung

Zur Vorbereitung der Spielszene kannst du Regieanweisungen erstellen: zur Gestik, Mimik der Personen und zu Geräuschen und Requisiten.

Suche zwei Textstellen heraus und schreibe sie in die Tabelle. Begründe deine Meinung.

Diese Textstelle (Seite ________ /Zeile ________) fand ich …

gut, weil …	nicht gut, weil …

Diese Textstelle (Seite ________ /Zeile ________) fand ich …

gut, weil …	nicht gut, weil …

Diese Textstelle (Seite ________ /Zeile ________) hat mich traurig/nachdenklich gemacht, weil …

a Diesen Satz werde ich nicht vergessen.
Zitat:

b Das hat mich an diesem Satz beeindruckt:

Du kannst auch mehrere Sätze auswählen und Extraseiten in deinem Lesetagebuch hinzufügen.

ⓐ Suche dir eine Textstelle heraus, die du verändern möchtest.

Seite ________ /Zeile ________

Mein veränderter Text: ____________________

Was kannst du verändern?
- die Handlung
- die Figur
- die Zeit
- den Ort
- die Beziehungen
- die Sprache

ⓑ Warum wolltest du diese Textstelle verändern?

ⓒ Überarbeite deinen Text.
- Hat dein Text einen Zusammenhang?
- Passt deine Sprache zum Inhalt deines Textes?
- Stimmen deine Wörter und Sätze?
- Hast du die Zeiten beachtet?
- Hat dein Text einen „Roten Faden“?

ⓐ Stell dir vor, du könntest als Handlungsfigur in deinen Text hineingehen. Was erlebst du? Schreibe deinen Text auf.

Ich bin … ____

ⓑ Überarbeite deinen Text.

- Passt dein Text zum ursprünglichen Text?
- Hat dein Text einen „Roten Faden“?
- Ist die Ich-Perspektive durchgehalten?
- Ist deine Sprache angemessen? Hast du richtig formuliert?

a **Wie könnte die Geschichte/der Text weitergehen? Schreibe eine Fortsetzung.**

b **Überarbeite deinen Text.**

- Schließt sich dein Text gut an den ursprünglichen Text an? (Figuren/Handlung/Ort/Thema?)
- Hat dein Text einen „Roten Faden"?
- Ist deine Sprache angemessen? Hast du richtig formuliert?

ⓐ Du bist von deinem Text begeistert und möchtest, dass viele ihn lesen. Schreibe einen kurzen Werbetext.

ⓑ Überarbeite deinen Text.

- Hat dein Werbetext auch werbenden (appellativen) Charakter?
- Regst du zum Lesen des Textes an?
- Bezieht er sich auf den Text?
- Ist deine Sprache angemessen? Hast du richtig formuliert?

ⓐ Bereite eine längere Textstelle zum Vorlesen vor. Dafür wähle eine geeignete Textstelle aus: Seite _______ /Zeile _______ bis Seite _______ /Zeile _______ .

ⓑ Warum hast du gerade diese Textstelle ausgewählt. Gib drei Gründe an.

____

____

____

____

____

____

____

____

ⓒ Übe deinen Vortrag. Denk daran, dass du andere für diesen Text begeistern möchtest.

Hilfen für einen guten Textvortrag:

1. Hast du den Text verstanden?
2. Markiere wichtige Wörter, die besonders betont werden sollen.
3. Nutze einige ungestörte Proben zur Verbesserung deines Textvortrags.
4. Lies klar und deutlich.
5. Wechsle deine Stimmlage (hoch/tief und laut/leise).
6. Senke die Stimme am Ende des Satzes.
7. Sieh deine Zuhörer an.

ⓓ Du kannst dir auch eine Partnerin/einen Partner suchen, mit der/dem du deinen Text in verteilten Rollen vorliest.

ⓔ Notiere weitere Textstellen, die du interessant findest.

Seite	Zeile	Stichwort

Beantworte die Fragen zum Textursprung.

ⓐ Wann wurde der Text geschrieben?
ⓑ Wo wurde der Text geschrieben?
ⓒ Was weißt du über die Zeit der Entstehung?
ⓓ Wo wurde der Text veröffentlicht?

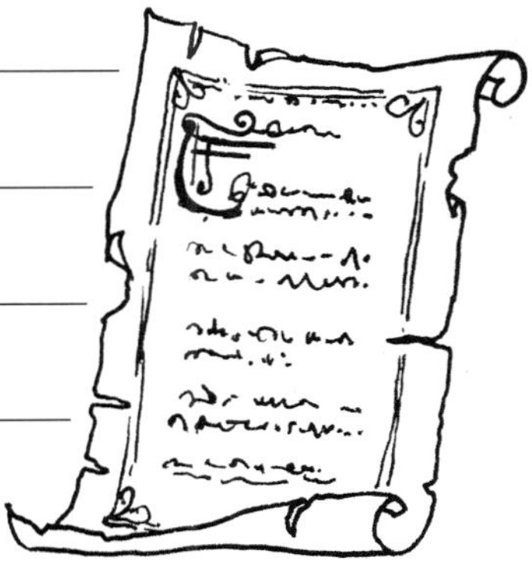

Sammle Informationen über den Autor/die Autorin und schreibe sie auf.

ⓐ Was weißt du über den Autor/die Autorin?
ⓑ Für wen wurde der Text geschrieben? (z. B. Absichten, Interessen …)
ⓒ Welchen Standpunkt hatte der Autor/die Autorin zum Thema? Was vermutest du?

Foto/Bild des Autors/ der Autorin

ⓐ **Hat das Buch/der Text in deinem Denken/Handeln etwas verändert? Schreibe kurz auf.**

ⓑ **Ist das Buch für dich Anlass, mehr zu lesen …**

- ☐ zum Thema?
- ☐ aus der Zeit?
- ☐ vom Autor/von der Autorin?
- ☐ ______

ⓒ **Ja, ich möchte gern mehr lesen, weil …**

ⓓ **Nein, ich möchte nicht mehr lesen, weil …**

Überdenke noch einmal deinen Leseprozess. Beantworte die Fragen.

- a Welche deiner Fragen vom Anfang blieben offen?
- b Hat dir dein Vorwissen geholfen?
- c Was fehlte dir?
- d Woher hast du das fehlende Wissen bekommen?
- e Welche Fragen möchtest du noch klären? Wie möchtest du vorgehen?

Notiere deine Aufgaben und füge sie hinzu.
Du solltest mindestens zwei Zusatzaufgaben erledigen.

Nummer	Meine Aufgabe	Erledigt am
1.		
2.		
3.		
4.		
5.		
6.		

Ideen für weitere Aufgaben:

1. Ein Autorenportrait erstellen: Informationen zum Leben und Werk des Autors/der Autorin zusammenstellen.
2. Themendarstellung: Weitere Texte zum Thema finden und notieren.
3. Bildnerische/szenische Darstellung des Textes/einzelner Ausschnitte, z. B. selbst gemalte oder gezeichnete Bilder zu beeindruckenden Textstellen oder eine Bildergeschichte/ein Comic dazu einfügen.
4. Eine Ausstellung zum Text (Gegenstände, Rechercheergebnisse, Texte aus den Aufgaben, Plakate …) vorbereiten.
5. Mediale Umsetzung des Textes, z. B. Hörfassung vorspielen, eine Szene nachspielen, Fotos erstellen, ein eigenes Gedicht verfassen, eine Power-Point-Präsentation erstellen …
6. Einen kleinen Film drehen.

Mein Lesetagebuch

Hast du alle Aufgaben erledigt?

Aufgaben zum Lesetagebuch	erledigt	bearbeiten
Ich habe alle Arbeitsblätter und Aufgaben dazu bearbeitet.	☐	☐
Ich habe meine Zusatzaufgaben abgeschlossen.	☐	☐
Ich habe ordentlich und gut leserlich geschrieben.	☐	☐
Ich habe meine Rechtschreibung überprüft.	☐	☐
Ich habe meine Aufgaben (nur da, wo es geht) in mein Tagebuch eingeordnet.	☐	☐
Ich habe meine Tagebuchseiten durch Bilder, Zeichnungen etc. ergänzt.	☐	☐
Ich habe mein Tagebuch gebunden, abgeheftet und gut aufbewahrt.	☐	☐
Ich habe mein Lesetagebuch vorgestellt.	☐	☐

Hat dir das Lesetagebuch beim Lesen geholfen?

Was möchtest du als Nächstes lesen?

Anregungen zur Bewertung

Die Bearbeitung der Aufgaben des Lesetagebuchs gibt Auskunft über den Stand des Kompetenzerwerbs der Schüler/-innen im Kompetenzbereich Lesen/Fach Deutsch.

Name des/der Schülers/Schülerin: ______________ Klasse: ________ Datum: ________

Anregungen/Kriterien zur Bewertung des Lesetagebuchs…

insgesamt				
• **Äußere Gestaltung:**				
- Kreativität				
- Lesbarkeit				
- Übersichtlichkeit				
- Sauberkeit				
• Anzahl der bearbeiteten Aufgaben				
• Anzahl der zusätzlichen selbst gestellten Aufgaben				
• Gesamteindruck der Erarbeitung eines individuellen Textverständnisses				

bezogen auf einzelne Aufgaben[1]				
Bearbeitung:				
• Aufgabenbezug				
• Umfang				
• Sprachangemessenheit				
• Sprachrichtigkeit				
• Kreativität				
• Qualität der Bearbeitung:				
- Hier können die Tipps zur Erstellung und Überarbeitung als Kriterien für die Güte der Aufgabenbearbeitung herangezogen werden.				

[1] Die im Zusammenhang mit einzelnen Aufgabenstellung entstandenen Texte können als Lernerfolgskontrollen mit Noten oder verbal bewertet werden.